DISSERTATION.

DISSERTATION

SUR LA QUESTION DE SAVOIR:

Si, les anciens propriétaires de biens-fonds confisqués et vendus révolutionnairement, indemnisés par la loi du 27 avril dernier, peuvent être tenus de supporter la déduction des intérêts des dettes par eux contractées avant la confiscation, et courus depuis cette époque, lorsque ces intérêts ont été payés par l'Etat en même temps que le capital des dites dettes.

PAR M. DARD, JURISCONSULTE,

Iniquum est actionem dari in eum cui bona ablata sunt.

Leg. 25 § 7 ff. quœ in fraud, credit.

PARIS,

Chez DELAUNAY, Libraire, galerie de bois du Palais-Royal,

Et PÉLICIER, Libraire, place du Palais-Royal.

MARS 1826,

A

IMPRIMERIE DE DAVID
BOULEVART POISSONNIERE N 6

DISSERTATION

SUR LA QUESTION DE SAVOIR :

Si, les anciens propriétaires de biens-fonds confisqués et vendus révolutionnairement, indemnisés par la loi du 27 avril dernier, peuvent être tenus de supporter la déduction des intérêts des dettes par eux contractées avant la confiscation et courus depuis cette époque ; lorsque ces intérêts ont été payés par l'Etat, en même temps que le capital des dites dettes.

———————

UNE question grave, et dont la solution intéresse au plus haut degré un grand nombre d'anciens propriétaires dépossédés, est soumise en ce moment au Conseil d'Etat, par suite du recours exercé contre une décision de la commission de liquidation du 21 octobre 1825.

Cette question est celle de savoir : si, aux

capitaux des dettes dues par les anciens propriétaires dépossédés au temps de leur dépossession, ainsi qu'aux intérêts alors échus et
payés par l'état, dont la déduction est faite aux
anciens propriétaires sur le montant de leur
indemnité, on doit encore ajouter les intérêts
échus postérieurement à la confiscation de
leurs biens jusqu'au jour du paiement de la
créance, et payés par l'état?

Si on consulte la raison et l'équité, l'une et
l'autre répondent à cette question, que l'ancien propriétaire dépouillé de la totalité de ses
biens a été, par ce fait, dégagé de l'obligation
de payer les capitaux et les intérêts de ses
dettes; que cette obligation du propriétaire
dépossédé et mort civilement, est passée à l'é-
tat qui s'emparait des biens du débiteur;
que la loi du 27 avril 1825 n'allouant aucune
indemnité aux anciens propriétaires dépossédés, pour les fruits ou revenus de leurs biens
perçus par l'état, ils ne doivent pas être tenus
à rembourser à l'état, par la déduction sur l'ac-
tif de leur liquidation, les intérêts de leurs
dettes; ces intérêts ayant dû être payés par
l'état qui a perçu les fruits ou revenus des
biens du débiteur primitif, confiscataire; et

ayant d'ailleurs été compensés avec ces fruits.; enfin, que ces intérêts étaient la dette de l'état confiscant, et non celle de l'ancien propriétaire confiscataire, et par conséquent, que le paiement qui en a été fait, n'a pas été fait à la décharge du confiscataire qui avait cessé d'être débiteur, mais à la décharge de l'état détenteur des biens du confiscataire, et nouveau débiteur subrogé par l'effet d'une novation légale au débiteur primitif et originaire libéré par la mort civile dont les lois révolutionnaires l'avaient frappé, suivie de la confiscation de ses biens.

Ce que la raison et l'équité répondent, le droit commun et les lois spéciales sur l'émigration le décident aussi.

Le droit commun prononce, que toutes les fois que la confiscation transfère au fisc les biens du condamné, elle lui impose à un double titre la charge des dettes dont celui-ci était tenu. On dit que cette obligation est imposée au fisc à double titre; 1° parce que si le fisc n'est pas un héritier tel que les héritiers ordinaires, il est du moins, pour employer le langage des lois, *Loco hæredis*, et comme tel soumis à toutes les obligations de l'héritier (1); 2.º parce que les biens d'un condamné auquel le fisc succède ne peuvent s'entendre que de ce qui reste après les dettes payées (2). Voyez Coquille, quest. 2.º

Il suit de là, que lorsqu'un débiteur est condamné à la peine de mort civile, suivie de la confiscation de ses biens, il est libéré de ses dettes; l'obligation de les acquitter, passe au fisc, au moins jusqu'à concurrence des biens qu'il recueille par suite de la confiscation. Il serait en effet injuste et barbare de contraindre au paiement de ses dettes, un misérable à qui le fisc a enlevé tous ses biens (3).

Les lois spéciales sur les émigrés n'ont fait qu'une application de ces principes du droit commun, lorsqu'elles ont déclaré « éteinte » toute procédure intentée contre les émigrés, » pour raison de leurs dettes passives (loi du 3 juin 1793, sect. 5, § 2, art. 13.), quand ces lois ont décrété que « les créanciers des émi- » grés étaient déclarés créanciers *directs* de la » république, excepté ceux des émigrés en

---

(1) *Vid. Leg.* 128, *ff. de Reg. Ju , Leg.* 2, *cod. ad leg. jul, de vi publ. et priv.*

(2) *Vid. leg.* 11 *ff. de Jur. fisc.*

(3) *Vid. leg.* 25 § 7. *ff. quæ in fraud. credit.*

» faillite, ou entièrement insolvables » (loi du 1er floréal an 3. art. 1.)

Les conséquences de ces principes du droit commun confirmés par les lois spéciales sur les émigrés, sont évidemment : 1° Que les intérêts des dettes des émigrés ont été à la charge de l'état, du moment de la confiscation de leurs biens. 2° Que le paiement qui en a été fait par l'état, a acquitté une dette de l'état et non une dette de l'ancien propriétaire dépossédé. 3° Que tant que cet ancien propriétaire n'a pas été relevé de la confiscation qu'il a subie il n'a pu être poursuivi pour le paiement des dettes par lui contractées avant la confiscation, ni par action réelle, ni par action personnelle.

Cette dernière conséquence a été formellement reconnue et proclamée par la cour royale de Dijon dans deux arrêts des 12 et 14 avril 1821 : Arrêts qui n'ont pas été annulés par la cour de cassation, par la cour royale de Montpellier dans un arrêt du 24 mars 1824, et par plusieurs tribunaux du royaume. Mais la loi du 27 avril 1825 qui a accordé une indemnité aux anciens propriétaires dépossédés, a-t-elle fait revivre les dettes contractées par eux au moment de la confiscation, tant pour le capital que pour les intérêts courus pendant tout le temps de la confiscation? La décision de cette première question est indispensable pour arriver à celle qui est l'objet de cet écrit.

On doit l'avouer, la loi du 27 avril 1825 ne s'explique pas suffisamment et sans ambiguïté sur cette question. L'art. 18 de cette loi, le seul qui traite des droits des créanciers porteurs de titres antérieurs à la confiscation, dispose bien que les oppositions qui seraient formées par ces créanciers à la délivrance de l'inscription de rente (donnée en paiement de l'indemnité), n'auront d'effet que pour le capital de leurs créances, et que les anciens propriétaires auront droit de se libérer *des causes* de ces oppositions, en transférant aux créanciers, sur le montant de la liquidation en rente de trois pour cent, un capital nominal égal à la dette réclamée ; et de là on peut inférer que le législateur a voulu se conformer aux principes du droit commun que nous exposerons plus bas, relativement aux créanciers envers leurs débiteurs relevés contre les effets de la confiscation ; mais on pourrait objecter que cet article 18 ne dispose que pour le cas où le créancier porteur de titres anté-

I

rieurs à la confiscation ayant formé opposition à la délivrance de l'inscription de rente
donnée en paiement de l'indemnité due à son
débiteur , a manifesté, par-là , sa volonté d'être
payé sur cette inscription ; et que cet article
de la loi n'est pas applicable au créancier qui
n'a point formé d'opposition. Dans le silence,
ou l'obscurité de la loi spéciale, il faut recou-
rir au droit commun, qui doit être la règle
du juge , puisque le code civil lui commande
de prononcer nonobstant l'obscurité , l'insuffisance ou le silence de la loi (Cod. civ. art. 4),
et lui donne ainsi le droit d'interprétation de
doctrine.

Le droit commun distingue trois hypothèses
différentes.

Ou le prince rend au condamné tous ses
biens ; ou il ne lui en rend aucun ; ou il lui en
rend une partie.

Dans la première hypothèse , la confiscation
et ses effets sont détruits. Le fisc qui ne pos-
sède plus les biens ne peut plus être tenu des
dettes. Les causes de la libération du débiteur
se sont évanouies , et ses obligations revivent :
la loi les rétablit (1).

(1) *Vid. leg. 3 ff. de Sentent. pass. et restitut. et leg.
12. cod. eod.*

Dans la seconde hypothèse, le condamné recouvrant les droits de cité et la vie civile, son état n'est plus un obstacle à l'exercice des actions que des créanciers pourraient avoir. Mais le fisc conserve tous ses biens ; ce motif qui avait fait prononcer la libération du débiteur, doit la faire maintenir, et les lois décident qu'elle subsiste en effet (1). La loi 3. *ff. de sentent. pass.* mérite par son énergie, et parce qu'elle est du célèbre *Papinien*, d'être retracée « le fisc, dit-elle, a retenu les biens d'un
» coupable qui avait été déporté, mais lui a
» remis la peine ; il *est constant* que par rapport aux dettes contractées avant la sentence,
» les créanciers n'ont plus d'action *contre celui*
» *qui fut autrefois leur débiteur.*

Remarquez ces mots « *qui fut autrefois leur*
» *débiteur* » pourrait-on mieux dire qu'il ne l'est plus ?

Cette décision a lieu, ce qui est très-remarquable, même dans le cas où le prince, en restituant le condamné, sans lui rendre son patrimoine, lui en remet cependant quelque portion à titre de bienfait. Telle est la dispo-

(1) *Leg. 2. ff. De Sentent. pass. et restitut.*

sition de la *loi 3. cod. de sentent pass. et restitut.*

Il résulte de là que la troisième hypothèse
doit se résoudre par une distinction.

Ou le prince restitue au condamné une partie *aliquote* des biens que la confiscation ren-
fermait, ou lui donne seulement quelques héritages particuliers.

Si le rescrit qui le restitue, lui rend une
partie aliquote de ses biens, la moitié par
exemple, ou le tiers, ou le quart, alors il est
tenu d'une portion égale de ses déttes (1).

Si au contraire le rescrit ne lui accorde
qu'une partie *aliquante* de son ancien patrimoine, c'est-à-dire quelques fonds épars et
détachés; dans ce cas il reste quitte envers ses
créanciers, aussi parfaitement que si la confiscation subsistait dans toute son étendue.

L'un de nos plus savans jurisconsultes, Antoine Faber, a clairement expliqué le motif de
cette décision : la confiscation, dit-il, libère
le débiteur parce que l'équité ne permet pas
qu'après que ses biens lui ont été ravis, il reste

---

(1) *Leg. 3 cod. de Sentent. pass. et restitut. leg. 1. cod.
de Fidejuss.*

néanmoins assujéti au paiement de ses dettes.
Il faut donc, pour le remettre de nouveau sous
le poids de ses dettes, que l'équité y engage par
une considération contraire. Cette considération se rencontre lorsque la confiscation est
rétractée en tout ou en partie. Or, elle n'est
rétractée que lorsqu'on rend au condamné ou
tous ses biens, ou une partie de ses biens,
et non pas quelques héritages particuliers.
Pourquoi cela ? parce que ce ne sont pas
quelques héritages particuliers qui ont été
confisqués, mais l'universalité des biens. Pourquoi encore ? parce que le mot *biens*, désigne
une universalité, et non pas des choses singu-
lières, et que tels et tels corps d'héritages,
quoiqu'ils dépendent des biens, ne sont pas
cependant une partie des biens (1).

Ces principes établis par les lois romaines
étaient trop lumineux pour n'avoir pas servi
de flambeau à la jurisprudence française (2).

C'était une axiome de notre droit coutu-

---

(1) *Anton. Faber, Jurisprud. Papin. tit.* 2. *illat* .4.
(2) Voyez Coquille, Questions sur les coutumes,
chap. 2.; et Chassaneux sur la coutume de Bourgogne,
tit. des Confiscations, n.° 33.

mier, que, *qui confisque le corps, confisque les biens.*

Il était universellement admis par la jurisprudence, que le seigneur haut-justicier qui profitait de la confiscation, et le roi lui-même dans le cas où elle lui était acquise, payaient les dettes du condamné, ou jusqu'à concurrence de la valeur des biens, lorsqu'ils avaient fait inventaire, ou même indéfiniment, lorsqu'ils avaient négligé cette précaution : il n'y avait point de différence à ce sujet entre le confiscant et l'héritier (1).

Or, si le seigneur ou le roi étaient chargés des dettes, le débiteur primitif en était donc affranchi, il n'en supportait donc une seconde fois le fardeau, que dans le cas où il recouvrait la jouissance de ses droits civils et ses biens confisqués : la portion de ses biens qui lui était restituée, était donc la mesure de la portion de ses dettes dont il se trouvait grevé.

Cette jurisprudence n'était pas particulière à la France ; elle était aussi celle des autres

(1) Voyez Lefebvre Laplanche, Traité du Domaine, liv. 8, ch. 8, n°° 2. et 3.; et Richer, Traité de la Mort civile.

états de l'Europe, c'est ce qu'atteste *Hertius* (1). Ce jurisconsulte rapporte qu'un négociant de Florence, condamné à une peine emportant la confiscation générale de ses biens, s'étant réfugié dans le royaume de Naples, et y ayant fait, par son industrie, une fortune nouvelle, étant poursuivi par les créanciers envers lesquels il s'était obligé à Florence, avant sa condamnation, fut renvoyé de l'action intentée contre lui par ces créanciers.

La loi du 27 avril 1825 ne contient aucune disposition qui soit contraire à cette jurisprudence; et dans le silence ou l'obscurité de cette loi spéciale, qu'il y a-t-il de plus sûr pour la conscience du juge, et de plus sage, que de se conformer au droit commun? que de ne pas s'écarter d'une jurisprudence qui, pour se servir des termes des jurisconsultes romains, a depuis long-temps paru équitable : *Quod diù æquum visum est leg. 2 ff. de constitut princip.* Or, d'après le droit commun, d'après la jurisprudence suivie non-seulement en France

_____

(1) *Dissertatio seu satura rerum quæ ad jus spectant singularium, chap. 5.*

mais dans toute l'Europe. Les émigrés en les assimilant à des confiscataires frappés de mort civile, ont été libérés des dettes dont ils étaient grevés, au moment de la confiscation; ils ne peuvent être tenus aux intérêts de ces dettes tant qu'a duré la confiscation, puisque l'état ne leur restitue pas les fruits de leurs biens confisqués ; et quant aux capitaux de leurs dettes, dus par eux à cette époque, ils ne doivent être contraints de les payer que de la même manière que l'état les paiera, c'est-à-dire en donnant une inscription de rentes trois pour cent livrable par cinquième, pour une dette de cent mille francs capital. En effet, on peut dire que les anciens propriétaires dépossédés ne sont pas restitués dans l'universalité des biens dont ils avaient été dépouillés, mais seulement dans une quantité de ces biens égale à la valeur réelle des rentes sur l'état qui leur sont données en paiement de leurs biens. Sous un autre rapport, quelle injustice pourrait-on prétendre à obliger le créancier de l'ancien propriétaire dont la créance devenue nationale était frappée de déchéance envers l'état, déchéance que la loi d'indemnité aurait pu maintenir irrévocablement (comme quelques personnes l'ont proposé) à recevoir son paiement dans la même monnaie que son débiteur est contraint d'accepter ? La loi d'indemnité n'a pas pu traiter plus favorablement ce créancier tombé par son fait en *déchéance*, que l'ancien propriétaire dépouillé par des actes révolutionnaires. C'est ce principe d'équité qui avait été établi par la loi du 24 août 1793, § 21, art. 66, qui a autorisé les propriétaires des offices liquidés par la nation à « rembourser, au moyen « d'un transfert, leurs créanciers personnels « ayant hypothèque spéciale ou privilégiée sur « l'objet liquidé. »

Et qu'on ne veuille pas diminuer l'autorité de cette loi, en rappelant la désastreuse époque où elle fut rendue, et l'assemblée dont elle est émanée, sa décision est conforme à la plus stricte équité. En effet, le pouvoir politique qui s'arrogeait le droit de rembourser les titulaires des offices créanciers de l'état, en inscriptions sur le grand livre de la dette publique, ne pouvait pas, sans se rendre coupable de la plus révoltante injustice, refuser à ces mêmes titulaires la faculté de se libérer envers leurs créanciers ayant hypothèque spéciale et privilégiée sur les offices supprimés, avec les mêmes valeurs que l'état les contraignait d'accepter en paiement de leurs propres créances. Or, il n'y aurait pas une moins grande injustice à refuser aux anciens propriétaires dépossédés, obligés par la loi du 27 avril 1825 à recevoir une inscription de rente pour cent de trois mille francs, comme représentant, à leur égard, l'indemnité que la loi reconnaît leur être due, d'un immeuble estimé cent mille francs.

La faculté de se libérer, dans les mêmes valeurs pourrait-elle leur être refusée envers un créancier porteur de titres antérieurs à la confiscation qui n'aurait pas formé sur son débiteur l'opposition autorisée par l'article 18; lorsque cette même faculté serait accordée au créancier opposant en vertu de cet article. La raison ne pourrait pas concevoir une telle différence entre des droits identiques, et la justice et l'équité seraient sans motifs pour la justifier. Aussi n'est-il pas douteux pour l'auteur de cet écrit que la jurisprudence des cours du royaume doit finir par se fixer d'après les principes que l'arrêt de la Cour royale de Montpellier, du 24 mars 1824, a posés; et qu'il sera enfin universellement admis par les Cours royales et par la cour de cassation ; que suivant le droit commun, que la loi du 27 avril 1825, n'a pas abrogé, en ce point, les émigrés dont les biens ont été confisqués ne sont obligés envers leurs créanciers antérieurs à la confiscation non payés par l'état, que pour le capital de leurs créances, sans intérêts jusqu'à la publication de la loi d'indemnité ; et qu'ils ont la faculté de se libérer de ce capital en inscriptions de rentes sur l'état, trois pour cent, au même taux qu'ils les reçoivent de l'état, sans que la libération des émigrés, quant aux intérêts courus pendant tout le temps qu'a duré la confiscation, et quantau mode de leur libération, pour le capital, soit subordonné à la condition d'avoir formé une opposition à la délivrance des inscriptions auxquels leurs débiteurs ont droit.

Les principes de droit qu'on vient d'exposer trouveront leur application dans la suite de cette discussion : mais commençons par rappeler le texte de l'article 9 de la loi du 27 avril 1825, qu'on oppose aux anciens propriétaires dépossédés, cet article est ainsi conçu :

« Le ministre des finances fera vérifier,
» 1° s'il n'a pas été payé de soultes ou *de dettes*

» *à la décharge de l'ancien propriétaire*, 2°
» s'il ne lui a pas été compté, en exécution
» de la loi du 5 décembre 1824, des sommes
» provenant de reliquats de décompte de la
» vente de ses biens ;

» Il sera dressé un état des déductions à
» opérer, dans lesquelles ne seront pas com-
» prises les sommes payées à titre de secours
» aux femmes et enfans, les gages de domes-
» tiques, et autres paiemens de même nature,
» faits en assignats, et en exécution des lois
» des 8 avril 1790 et 12 mars 1793.

Cet article autorise le ministre des finances
à faire déduire sur le montant de la liquidation
du propriétaire dépossédé les *dettes payées à
sa décharge;* si les intérêts des dettes de l'ancien propriétaire ont été mis à la charge de
l'état, du moment de la main-mise nationale
sur les biens de l'ancien propriétaire, il est démontré que les intérêts courus depuis cette
époque étaient dus par l'état, et par suite que le
paiement qui en a été fait au créancier l'a été non
pas à la décharge de l'ancien propriétaire qui,
par le fait de la confiscation avait cessé d'être
débiteur, mais à la décharge de l'état, seul et vrai
débiteur ; il serait donc injuste et contraire

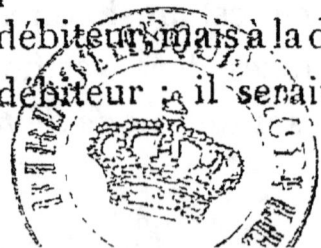

au texte même de l'arcticle 9, de déduire à l'ancien propriétaire une dette qui n'a pas été payée à sa décharge.

Cependant la question s'étant élevée devant la commission de liquidation, de savoir si on devait précompter à l'ancien propriétaire les intérêts de ses dettes courus depuis le moment de sa confiscation jusqu'au paiement qui en avait été fait par l'état cumulativement tant du capital que des intérêts, les diverses sections de la commission ont été divisées sur la solution de cette question ; et il est intervenu une décision du 21 octobre 1825, toutes les sections consultées, qui a prononcé contre les anciens propriétaires, et a autorisé le ministre des finances à déduire à l'ancien propriétaire les intérêts des dettes payés par l'état, pendant qu'il jouissait des fruits ou revenus de ses biens confisqués, ou des intérêts du prix versé dans les caisses de l'état, dont il n'est tenu aucun compte au propriétaire dépossédé. Voici les motifs de cette importante décision :

« La commission, oui le rapport et les avis » émis par divers membres.

» Vu les pièces du dossier de la demande « du sieur comte de Bussy, et spécialement le

» bordereau d'indemnité dressé par le direc-
» teur des domaines du département du Rhône,
» les observations du réclamant, les avis du
» préfet dudit département et de l'administra-
» tion générale de l'enregistrement et des do-
» maines;

» Vu enfin l'article 9 de la loi du 27 avril
» 1825, et les articles 2, 3, 4, 31 et 32 de l'or-
» donnance royale du 1er mai suivant ;

» Considérant :

» Que la loi, en ordonnant la déduction sur
» le montant de l'indemnité due pourles biens-
» fonds confisqués, des dettes à la décharge
» des propriétaires dépossédés, n'a point éta-
» bli de distinction entre le capital de ces
» dettes et les arrérages de rentes et d'intérêts
» qui ont pu y être ajoutés lors de la liquida-
» tion ;

» Que dans les calculs, présentés par le gou-
» vernement du roi, et qui ont servi de base à
» la fixation de l'indemnité réglée par la loi,
» ce capital des dettes et les arrérages ont été
» réunis et alors fondus dans la somme à la-
» quelle ont été évaluées les déductions à opé-
» rer;

» Que d'après les mêmes calculs, il n'a été

» fait d'exception à cette confusion et à ces dé-
» ductions que pour les paiemens faits en assi-
» gnats, en exécution des lois du 8 avril 1797,
» lesquelles ont été l'objet d'une évaluation
» particulière et distincte ; que cette exception
» est la seule, que, d'après la loi, la commis-
» sion puisse appliquer, et que, toute excep-
» tion étant de droit étroit, il ne peut être
» permis d'y ajouter, dans l'application, même
» par les motifs les plus plausibles.

» A ces motifs tirés du droit spécial mais po-
» sitif, que la loi du 27 avril a créé, se joignent
» des considérations desquelles il résulte :

» Que les confiscations qui ont eu lieu, en
» vertus des lois rendues sur l'émigration,
» comprenaient les biens-fonds, ainsi que leurs
» revenus à partir du séquestre ;

» Que la loi du 27 avril 1825 n'a alloué d'in-
» demnité aux anciens propriétaires dépossé-
» dés révolutionnairement, que pour la valeur
» représentative du capital des biens-fonds
» confisqués et aliénés, sans aucune restitution
» des fruits et revenus perçus, ni d'autres va-
» leurs mobilières ;

» Que cependant le retranchement sur les
» déductions à faire aux propriétaires dépossé-

» dés, dont ces biens étaient grevés de dettes,
» de la somme des intérêts qui ont été alloués
» à le urs créanciers, à partir du moment de la
» confiscation des biens, jusqu'à celui de la
» liquidation et des paiemens de ces dettes,
» équivaudrait à l'égard de ces propriétaires
» dépossédés, à une restitution de revenus à la-
» quelle ne participeraient pas également tous
»les indemnitaires, et notamment ceux pour
» lesquels l'état n'a payé aucune dite;

» Que l'indemnité étant due par l'état, de-
» puis le jour de la confiscation et sans restitu-
» tion de fruits, l'indemnitaire devenu créan-
» cier de l'état peut être, en cette qualité,
» considéré comme étant soumis aux lois rela-
» tives à la compensation;

» Que la vigueur qui résulte ici des principes
» généraux, et notamment de l'application du
» droit créé par la loi du 27 avril, se trouve,
» non dans la déduction des intérêts payés;
» mais dans la perte des fruits de l'immeuble
» confisqué, et que cette perte étant commune
» à tous, celui qui ne la subirait pas obtiendrait
» un véritable privilége qui frapperait, non
» contre l'état, mais contre le fonds commun
» qui appartient à la masse;

Que, sans doute; la compensation des
» arrérages de rentes et d'intérêt de dettes à
» exclure à compter du séquestre, par les re-
» venus perçus depuis ce moment, serait une
» mesure de justice que la loi eut autorisée
» s'il eût été possible au gouvernement d'accor-
» der un avantage analogue et équivalent aux
» autres Français dépossédés, soit de leurs re-
» venus, soit de leur propriétés mobilières de
» toute nature;

» Mais que d'après les moyens d'indemnité
» qu'il a été possible au législateur de créer,
» et dans les limites que la loi a posées, la
» compensation demandée et la distraction qui
» en serait la suite, quelque désirables qu'elles
» fussent d'ailleurs, cesseraient d'être réelle-
» ment justes, puisqu'elles ne seraient avanta-
» geuses qu'à une partie des propriétaires dé-
» possédés, tandis qu'elles tourneraient au
» préjudice des autres, en atténuant la somme
» destinée, d'après l'article 2 de la loi, à répa-
» rer les inégalités résultant des deux bases
» qu'elle a fixées pour le réglement de l'indem-
» nité, réparation à laquelle ont droit de par-
» ticiper, dans une proportion égale, selon la
» lésion qu'ils auront éprouvée dans la distri-

» bution de l'indemnité, les propriétaires qui
» n'était pas grevés des dettes à l'époque où
» ils ont été atteint dans leurs biens par les lois
» révolutionnaires, ainsi que ceux qui ayant
» laissé des dettes les ont retrouvées exigibles,
» parce que l'état ne les a pas liquidées, et qu'il
» y aurait réellement injustice, relativement à
» ceux-ci, d'accorder une préférence et de faire
» un sort meilleur à ceux qui ont été légale-
» ment libérés de leurs dettes par le fait des
» paiemens effectués par l'état ;

» Que tels ne sont et ne peuvent être l'esprit
» et le vœu de la loi ;

» Que si d'ailleurs, laissant un moment de
» côté ces moyens de droits et les considérations
» d'équité ci-dessus développées, on recherche
» par quel mode il a été procédé aux liquida-
» tions des dettes des propriétaires dépossédés,
» et quels moyens resteraient aujourd'hui d'en
» discuter les élémens, on arrive à se convain·
» cre que la manière dont les décomptes ont
» été fournis, serait par elle-même un argu-
» ment contre l'usage qu'on voudrait en faire ;
» que lorsqu'en effet on entrepend de les dé-
» composer, d'apprécier pour quelle valeur les
» intérêts sont entrés dans le capital (unique

» aujourd'hui) de la dette, on reconnaît bien-
» tôt que comme le domaine et l'administration
» n'avaient aucun intérêt ni à en discuter d'abord
» ni depuis à en conserver les élémens, il est
» impossible d'en opérer la liquidation régu-
» lière, les dates de l'entrée en jouissance, les
» réduction à l'échelle de dépréciation, selon les
» époques d'échéance des arrérages, tout man-
» quant pour opérer à cet égard avec un peu
» de garantie et de régularité ;

« Mais que, sans parler de toutes ces consi-
» dérations tirées, soit de l'intérêt de la masse
» et de la justice distributive, soit de leurs pos-
» sibilité matérielle de décomposer les liquida-
» tions, et pour rentrer, selon le devoir de la
» commission, dans les nécessités nées du droit
» créé par la loi du 27 avril, on est forcé de re-
» connaître, qu'indépendamment des motifs déjà
» déduits, il en existe un dernier mais très-puis-
» sant, dans l'art. 24 de cette loi, qui, en confir-
» mant tous les droits acquis et maintenus par
» l'art. 4 de la loi du 5 décembre 1814, tant
» au profit de l'état qu'au profit des biens, ne
» permet pas de revenir sur les actes qui ont
» établi des liquidations dès long-temps con-
» sommées, et de substituer de nouveaux débi-

» teurs à ceux que ces actes ont reconnus dé-
» cidés :

(Art. 1.) « Les rentes courues et payées à la
» décharge du sieur Mignot, comte de Bussy,
» (Antoine François Anne Maric), depuis le
» moment où l'état s'est mis en possession de
» ses biens, seront déduites du montant de
» l'indemnité qui peut être due à ce proprié-
» taire dépossédé, ou à ses ayant-causes, pour
» raison de la confiscation des dits biens. »

(Art. 2)..« Le dossier de la demande four-
» nie par le sieur Marc Laurent Mignot, comte
» de Bussy, en sa qualité de fils et seul héri-
» tier du propriétaire dépossédé sus dénommé,
» est renvoyé à la cinquième section de la com-
» mission pour qu'il soit statué par elle ce que
» de droit, sur la liquidation de l'indemnité
» réclamée, en se conformant aux dispositions
» de la loi, de l'ordonnance royale, et à la
» présente décision, dont il sera transmis,
» par les soins du secrétaire général, une co-
» pie à chacun de Messieurs les présidens des
» cinq sections de la commission, indépen-
» damment de celle qui doit être adressée à
» S. E. le ministre des finances, aux termes de
» l'article 48 de l'ordonnance du 1er mai

» et de la communication à donner à l'ayant-
» droit, en exécution de l'article 9 de la mê-
« me ordonnance. »

Cette décision est obligatoire pour toute les
sections de la commission de liquidation et
les principes sur lesquels elle est fondée, sont
entièrement applicables aux intérêts des capitaux des créances dues par les émigrés, et courus depuis la confiscation de ses biens, et qui
ont été liquidés et payés par l'état en même
temps que le capital de la créance. C'est ce
qui a été décidé par la troisième section de la
commission, le 16 novembre 1825, contre le
marquis Crugy de Marcillac, sous la réserve
toutefois des droits du réclamant sur le fonds
commun.

Cette seconde décision est déférée au conseil d'état, conformément à l'article 14 de la
loi du 27 avril 1825. Ainsi, de son maintien
ou de son annulation dépend le sort de la première décision, dont les motifs peuvent être
considérés comme transcrits textuellement
dans les considérans de la décision du 16 novembre 1825.

Quelques égards que méritent le rang
et les lumières des membres de toutes les

sections réunies de la commission de liquidation qui ont rendu la décision du 21 octobre
1825, on ne croit pas manquer à ces égards
en examinant avec une entière liberté les motifs de cette décision, et en les réfutant. En Pié-
mont, les propriétaires dépossédés auxquels
l'édit royal du 22 septembre 1818 a accordé
une indemnité pour leurs biens vendus par
suite des lois sur l'émigration, n'ont été sujets
à la déduction des dettes payées pour eux par
le gouvernement précédent, que pour le capital et les intérêts dus à l'epoque de leur dé-
part. (Instructions données par la délégation
entrale de Turin, le 30 décembre 1818, en
exécution de l'édit du 18 septembre précédent.)

Le premier et principal motif de la décision
est « que la loi en ordonnant la déduction sur
« le montant de l'indemnité due pour les biens-
» fonds confisqués, des dettes payées à la *dé-
» charge* des propriétaires dépossédés, n'a
» point établi de distinction entre le capital de
» ces dettes, et les arrérages de rentes et d'in-
» térêts qui ont pu y être ajoutés lors de la li-
» quidation :

Ce motif suppose évidemment que les propriétaires dépossédés continuaient à être obli-

gés au paiement des intérêts des dettes qu'ils avaient contractées avant leur dépossession, ce n'est que dans ce cas qu'il pourrait être vrai de dire que les intérêts payés par l'état ont été payés à leur décharge. On ne craindra pas de soutenir que c'est là une erreur de droit dans laquelle la commission s'est laissée entraîner ; et son erreur est bien excusable puisque la jurisprudence universellement admise en France par les cours royales avant les arrêts célèbres de la cour royale de Dijon, et de celle de Montpellier, condamnait les émigrés non restitués dans leurs biens confisqués, à payer leurs dettes antérieures à la confiscation, non payées par l'état, sur le fondement que la confiscation des biens et la mort civile du débiteur n'avaient pas éteint l'action personnelle qui subsistait toujours. Mais cette jurisprudence, contraire au droit commun, en opposition formelle avec les dispositions des lois spéciales contre l'émigration, fruit d'une aveugle prévention contre les émigrés ; et n'ayant de prétexte que dans un acte arbitraire et illégal du chef de l'ancien gouvernement, (l'arrêté du 3 floréal an 11) qui n'avait reçu aucune publication, ne devait pas survivre aux cir-

constances révolutionnaires et aux intérêts fis-
caux et particuliers qui l'avaient produite.
L'auteur de cette dissertation s'honore d'avoir
le premier de tous les jurisconsultes français,
avec son honorable confrère M. le baron
Locré attaqué cette jurisprudence dans une
consultation imprimée en 1819 (1), et d'en
avoir démontré les erreurs : leurs efforts ont
été couronnés du succès. Les arrêts de Dijon
et de Montpellier et un grand nombre de jugemens des tribunaux de première instance
ont sanctionnés par leurs décisions les principes qu'ils avaient établis dans leurs consul-
tations sur la libération des émigrés et sur
l'extinction de l'action personnelle. Ce sont les
principes admis et proclamés par ces arrêts et
jugemens qui doivent être suivis ; et il résulte
de ces principes, dont la vérité est incontestable,
que les anciens propriétaires dépossédés, ont
été par la confiscation de tous leurs biens,
jointe à leur mort civile, libérés des dettes
par eux contractées avant la confiscation, tant
de l'action réelle que de l'action personnelle :

(1) Cette consultation a été publiée sous le titre
d'*Opinion d'un jurisconsulte sur diverses questions con-
cernant* les dettes contractées par les émigrés.

d'où il suit, que les intérêts de ces dettes,
courus depuis la confiscation de leurs biens.
n'ont jamais été dus que par l'état confiscant,
subrogé au débiteur confiscataire, par l'effet
d'une novation légale; et par une dernière conséquence, que le paiement de ces intérêts fait
par l'état, n'a pas été fait à la décharge du propriétaire dépossédé qui n'a jamais été débiteur
de ces intérêts. L'état seul était, et a toujours
été débiteur des intérêts depuis l'extinction de
l'action personnelle, le paiement qu'il en a fait
n'a donc pu libérer que l'état.

La loi n'avait pas besoin d'établir une distinction entre le capital des dettes, et les arrérages qui auraient pu y être ajoutés lors de
la liquidation, par la raison que ces arrérages
ont dû être payés sur les fruits ou revenus
des biens confisqués, et comme une charge
inhérente à ces biens dont les revenus n'ont
pas été confondus avec ceux de l'état, jusqu'à
la loi du 13 nivose an 3, qui s'exprime ainsi.
« Les créanciers des émigrés et de tout indi-
« vidu frappé de la confiscation de ses biens,
« sont déclarés créanciers directs de l'état.

« En conséquence, la trésorerie nationale
» portera dans les recettes ordinaires, les som-

» mes provenant des biens des émigrés. »

« Sont exceptés les créanciers de ceux qui
» étaient en faillite, ou notoirement insolva-
» bles à l'époque de la confiscation. »

Depuis cette loi du 13 nivose an 5, les arrérages de rentes dont les biens-fonds confisqués
étaient grevés, et les intérêts des créances dues
par les émigrés débiteurs, ont été à la charge
de l'état : 1° Parce qu'il n'y a de biens que ce
qui reste après les dettes payées ; 2° parce que
l'état confiscant était devenu débiteur de ces
arrérages de rentes et de ces intérêts; tout à
la fois comme détenteur à titre universel des
biens de l'ancien propriétaire dépossédé et
comme tel obligé au paiement des dettes qui
étaient une charge de ces biens; et comme
nouveau débiteur subrogé, par l'effet de la novation légale au débiteur primitif confiscataire;
3° parce que, il faut le répéter, l'action personnelle contre l'ancien débiteur, étant éteinte,
il n'avait jamais pu être constitué débiteur
des arrérages de rentes, ou intérêts échus depuis cette extinction. En un mot, l'art. 9 de la
loi autorise la déduction des dettes payées par
l'état à la *décharge* du propriétaire dépossédé;
or, les arrérages de rentes et les intérêts pos-

térieurs à la confiscation sont démontrés n'a-
voir pas pu être payés à sa décharge.

Le second motif semble plutôt fondé sur le
fait que sur le droit, ce motif est d'abord : « que
» dans les calculs , présentés par le gouverne-
» ment du Roi , et qui ont servi de base à la fixa-
« tion de l'indemnité réglée par la loi, le capital
» des dettes et les arrérages ont été réunis et
» confondus dans la somme à laquelle ont été
» évaluées, les déductions à opérer.»

Ensuite « que, d'après les mêmes calculs ,
» il n'a été fait d'exception à cette confusion
» et à ces déductions, que pour les paiemens
» faits en assignats, en exécution des lois du
» 8 avril 1792, lesquels ont été l'objet d'une
» évaluation particulière et distincte; que cette
» exception est la seule ; que, d'après la loi , la
» commission puisse appliquer; et que, toute
» exception étant de droit étroit, il ne peut-
» être permis d'y ajouter dans l'application ,
» même par les motifs les plus plausibles.

Mais qu'importe que dans le fait le capital
des dettes et les arrérages aient été confondus
par le gouvernement du Roi , dans les calculs
qui ont servi de base à la fixation de l'indemnité? Ces calculs n'étaient qu'une évaluation

de la somme qui était approximativement
nécessaire pour le paiement de l'indemnité ; ils
n'ont pas pu mettre à la charge des propriétaires
dépossédés, des créances dont ils n'avaient jamais été débiteurs ; on en acquiert la preuve
dans la discussion de la loi d'indemnité, à la
chambre des députés, par la réponse que fit
S. Ex. le ministre des finances à M. de Miran-
dol (1). Ce député s'était ainsi exprimé sur l'art.
9 du projet de loi. « Il me paraît essentiel de
» renouveler ici la demande d'une explication
» que j'ai faite il y a quelques jours. D'après la
» proposition du gouvernement, les émigrés ne
» sont passibles que du reste, que du capital
» de leurs dettes. Mais pour les créanciers qui
» ont été liquidés jusqu'au 30 juin 1810, on
» a ajouté au capital les intérêts, il en est ré-
» sulté une augmentation de capital ; je de-
» mande s'il est juste de compter à l'émigré
» cette cumulation de l'intérêt avec le capital?»

A cette question, S. Ex. le ministre des finances répondit : « Si j'ai bien saisi l'objec-
» tion, l'orateur croit qu'on a, dans la liquida-
» tion des créances faites tardivement, accumulé

(1) Séance du 10 mars 1825.

» les intérêts avec le capital, et il demande
» que le capital seulement soit précompté à
» l'émigré et déduit de l'indemnité. Je ne puis
» connaître aucune espèce de détails, nous n'a-
» vons pu saisir que les masses des liquidations;
» elles ont été faite à diverses époques, d'a-
» près diverses lois : savoir, la liquidation de
» floréal an 3, dans les départemens ensuite
» définitive à Paris : et enfin, le conseil général
» des liquidations depuis le 1er messidor an
« 4 jusqu'au 20 juin 1810. »

« Vous sentez qu'il nous est impossible de
» savoir, si dans toutes ces liquidations les
» créanciers ont reçu les intérêts; il se trou-
» vent dans des positions diverses ; je n'ai à cet
» égard aucuns documens : je sais seulement
» que nous avons pris le montant de ces liqui-
» dations pour établir la somme totale; par
» conséquent si une portion quelconque d'in-
» térêts est entrée dans le calcul, il faudra en
» déduire d'autant la somme que nous avons
» fixée à trois cent neuf millions. »

« En un mot, cette difficulté ne peut ame-
» ner maintenant aucune solution. Ce n'est
» que dans l'exécution de la loi qu'on pourra,
» s'il y a lieu, déduire les intérêts qui ont été
» accumulés avec le capital. »

Après cette réponse du ministre, l'art. 9 de la loi fut adopté par la chambre; et il est bien clair que loin de décider expressément que les intérêts payés avec le capital seraient déduits au propriétaire dépossédé, la réponse du ministre reconnaissait que l'examen et la solution de cette question, ne pourraient avoir lieu que dans l'exécution de la loi.

Mais, objectera-t-on, si les intérêts des capitaux dus par les propriétaires dépossédés et payés néanmoins par l'état, ne sont pas accumulés avec les capitaux pour les déductions à opérer, la somme totale à déduire sur le montant de la liquidation qui a été fixée à trois cent neuf millions, devra être diminuée d'autant et les fonds votés par la chambre seront insuffisans pour payer les indemnités, d'après les bases posées par la loi du 27 avril 1825. A cette objection on peut faire deux réponses : l'une en droit, l'autre en fait. En droit, comment l'insuffisance des fonds affectés au paiement de l'indemnité pourrait-elle justifier une décision dont la conséquence serait de faire supporter arbitrairement à une classe particulière des anciens propriétaires, une perte dont les autres classes seraient affranchies ? Si la déduction des intérêts était injuste, elle ne perdrait pas ce caractère parce que les élémens des calculs faits par le gouvernement pour évaluer la somme à demander aux chambres pour le paiement de l'indemnité, auraient été érronés ou inexacts. Le déficit résultant de cette erreur ou de cette inexactitude ne pourrait donner lieu qu'à une réduction proportionnelle, ou au marc le franc entre tous les réclamans ayant à l'indemnité des droits également fondés. Ce serait le cas d'appliquer le principe des lois rhodiennes sur le jet et la contribution (leg. 1. *ff. de leg. rhod.*), aucun des propriétaires dépossédés n'ayant un droit préférable à celui des autres.

En fait, si une portion quelconque d'intérêts est entrée dans l'évaluation des dettes faite par le gouvernement, il faudra, il est vrai, déduire cette portion sur la somme de trois cent neuf millions base de la demande de fonds faite aux chambres pour le paiement de l'indemnité ; mais, on peut affirmer que cette déduction sera compensée et au delà. 1° Par les états supplémentaires des dettes payées par l'état à la décharge des propriétaires dépossédés, qui ont été retrouvés depuis la publication de la loi du 27 avril 1825. 2º Par les amendemens faits par la chambre des députés au projet proposé par le gouvernement; ces amendement sont : premièrement, l'amendement de M. de Lastours qui a retranché un dixième sur une masse d'indemnités évaluée à 692, 407, 615 fr. 80 c. ce dixième peut être estimé a cinquante millions, parce qu'il faut déduire de la somme totale sur laquelle il doit être prélevé, la portion des dettes payées à la décharge des propriétaires dépossédés. Secondement, l'amendement fait sur l'art. 9 tendant à faire une déduction du quart sur l'indemnité due pour des biens-fonds provenant des engagemens ou autres aliénations du domaine royal : les indemnités pour les biens de cette nature ne peuvent pas être estimées au dessous de la somme de quarante millions; dont le quart augmentera le fonds commun de la somme de dix millions. Troisièmement, l'amendement fait à l'art. 4 du projet du gouvernement, qui a établi la présomption légale de la rentrée en possession de l'ancien propriétaire, lorsque les biens-fonds confisqués sur sa tête ont été rachetés, soit directement de l'état, soit à des tiers par ses ascendans, descen-

dans ou par sa femme ; et qui, dans ce cas, ré-
duit l'indemnité à la valeur réelle des sommes
qui ont été payées pour ces rachats : on peut
estimer que cet amendement accroîtra le fonds
commun d'une somme de vingt millions au
moins.

En réunissant les résultats que doivent pro-
duire ces trois amendemens , d'après l'évaluation la plus basse, et sans parler des états supplémentaires des dettes payées à la décharge des anciens propriétaires découverts depuis
la présentation du projet de loi d'indemnité ;
on trouve la somme de quatre-vingts millions
de déductions à ajouter à celles que le projet du
gouvernement avait prévues, et sur lesquelles il
avait calculé le montant de la dette de l'indemnité ; si, de cette somme de quatre-vingts millions, on déduit celle de cinquante millions à
laquelle on pense généralement que peuvent
s'élever les intérêts des dettes payées par l'état
accumulés avec les capitaux ; il reste encore
trente millions au dessus des déductions que
le projet du gouvernement avait pris pour bases de ses calculs.

En résumé, le fonds commun ne sera pas
moindre de trois cent millions, même en ne

déduisant pas aux propriétaires dépossédés,
les intérêts de leurs dettes payés par l'état, accumulés avec les capitaux, à compter de la confiscation de leurs biens. Sur cette somme de
trois cent millions, il conviendra d'abord de
prélever le montant de la différence entre le
prix des biens-fonds vendus avant la loi du
12 prairial an 3, et le capital formé de dix-
huit fois le revenu réel de 1790 des biens
vendus, pour ceux des propriétaires dépossédés qui pourront faire cette preuve. Si on fait
attention que dans beaucoup de départemens
les biens des émigrés ont été vendus au-dessus
de vingt fois le revenu réel de 1790; on sera
convaincu qu'en affectant sur le fonds commun
la somme de cent millions pour la réparation
des inégalités résultantes de cette différence,
tous les anciens propriétaires auront reçu dix-
huit fois le revenu réel de leurs biens, valeur
de 1790. Et en portant à huit cent millions le
montant des ventes dont le prix n'aura pas ex-
cédé dix-huit fois ce revenu, il serait possible
de répartir sur le fonds commun encore dix
pour cent à chacun de ces propriétaires pour
porter leur indemnité à vingt fois le revenu
réel de 1790. Ces deux prélèvemens sur le

fonds commun ne s'élèveraient ensemble qu'à la somme de cent quatre-vingt millions : et il resterait encore celle de quatre-vingt millions pour réparer d'autres inégalités, et injustices que l'exécution de la loi d'indemnité aura fait connaître. L'objection tirée de ce que dans les calculs présentés par le gouvernement du Roi, et qui ont servi de base à la fixation de l'indemnité réglée par la loi, le capital des dettes et les arrérages ont été réunis et confondus dans la somme à laquelle ont été évaluées les déductions à opérer, sans force, dans le droit, pour motiver la déduction des arrérages sur l'indemnité due au propriétaire dépossédé, n'est pas plus considérable dans le fait ; puisque si, d'un côté, il y aurait à déduire sur la somme de trois cent neuf millions montant de l'évaluation faite par le gouvernement des dettes payées par l'état à la décharge des propriétaires dépossédés, celle de cinquante millions pour les intérêts de ces dettes, accumulés avec le capital, ce qui réduirait le montant des déductions des dettes à la somme de deux cent cinquante-neuf millions ; d'un autre côté, il faudrait ajouter aux déductions proposées par le gouvernement, la somme de quatre-vingt mil-

lions résultant des trois amendemens dont on
a parlé plus haut, ce qui porterait les déductions à la somme de trois cent trente-neuf millions, au lieu de trois cent neuf. Il est vrai que
dans ces dernières déductions, est comprise
la somme de cinquante millions, provenant de
la retenue d'un dixième faite à tous les propriétaires dépossédés, dont l'indemnité liquidée
sur le revenu réel de 1790 n'a été portée qu'à
dix-huit fois ce revenu au lieu de vingt fois,
ce qui ferait une différence de vingt millions;
mais on peut présumer que cette différence est
plus que couverte par les états supplémentaires
des dettes retrouvés depuis la rédaction du projet de loi; et cette présomption ne paraîtra pas
dénuée de fondement quand on saura que d'a-
près un relevé des dettes payées par l'état pour
les émigrés et les co. damnés, fait sous le mi-
nistère de M. de Corvetto, ces dettes s'élevaient
à environ cinq cent millions, au lieu de
309,940,645 fr. annoncés dans l'exposé des
motifs du projet de loi, et de 77,000,000 fr.,
pour des paiemens de secours donnés aux
femmes et aux enfans des émigrés, les gages
de leurs domestiques, et les autres charges de
la même nature, acquittées pour eux par les

directoires de district qui sont specialement
exceptées de la déduction imposée aux propriétaires dépossédés. Total 386,940,645 fr.

De cette exception spéciale pour certaines
dettes, on a conclu dans les motifs de la décision du 21 octobre 1825, qu'elle était la seule
que la commission pût appliquer, par la
raison que toute exception étant de droit étroit
il ne peut être permis d'y ajouter dans l'application.

On peut répondre à ce raisonnement, d'a-
bord que les dettes exceptées sont celles qui
ont été payées en exécution des lois des 8 avril
1792, et 12 mars 1793, c'est-à-dire, à une
époque où la nation n'était encore considérée,
à l'égard des créanciers des émigrés, que
comme séquestre des biens confisqués sur
les émigrés, et où les dettes de la nature de
celles exceptées par l'article 9, étaient payées
pour le compte et à la décharge des émigrés par
un prélèvement sur les revenus de leurs biens.
Pour ces dettes payées dans la réalité à la décharge du propriétaire dépossédé, il était nécessaire que la loi s'expliquât sur la question
de savoir si elles seraient ou non compensées
avec les fruits et revenus des biens confis-

qués perçus par la nation. Mais lorsque par
les lois des 13 nivose et 1er floréal an 3, les
créanciers des émigrés et de tout individu
frappé de la confiscation de ses biens eurent été
déclarés *créanciers directs de l'état*, il est évi-
dent que les dettes payées par l'état ne pourraient plus être considérées comme les dettes
du propriétaire dépossédé, que pour la partie
de la dette remboursée due au moment de la
confiscation. L'état, en payant le capital et les
intérêts de la créance due par l'ancien propriétaire, a payé deux dettes, qui au temps du
paiement n'avaient qu'un même débiteur (l'é-
tat), mais qu'on doit distinguer aujourd'hui ;
la dette du propriétaire dépossédé, pour le
capital et les intérêts échus à l'époque de la
confiscation des biens, et la dette de l'état qui
se composait des intérêts ou arrérages courus
depuis la confiscation des biens jusqu'au paiement. La loi n'a pas excepté spécialement de la
déduction ces intérêts, parce qu'ils n'avaient
pas été payés à la décharge de l'ancien propriétaire qui n'en avait jamais été débiteur : le législateur a donc pu avoir, pour s'expliquer
sur les dettes payées par l'état, en exécution
des lois des 8 avril 1792 et 12 mars 1793, des

motifs qui n'existaient pas pour les dettes payées en vertu des lois des 13 nivose et 1er floréal an 3. On ne ne peut donc rien conclure en faveur du système adopté par la décision du 21 octobre 1825, du silence de l'article 9 sur les dettes de cette dernière espèce.

Les motifs auxquels on vient de répondre sont ceux qui ont paru les plus forts à la commission, puisqu'elle les a placés en tête de la longue série des motifs qui précèdent sa décision, et qu'elle les a qualifiés de motifs « tirés » du droit spécial, mais positif, que la loi du » 27 avril a créé. »

On a pu juger par la discussion précédente si ce droit spécial était aussi positif que l'affirme la commission : on va examiner les considérations que la commission a cru néanmoins nécessaire d'ajouter à ce droit spécial et positif.

La première de ces considérations est: « Que » les confiscations qui ont eu lieu, en vertu des » lois sur l'émigration, comprenaient les biens- » fonds ainsi que leurs revenus à partir du sé- » questre;

» Que la loi du 27 avril 1825 n'a alloué d'in- » demnité aux anciens propriétaires dépossédés » révolutionnairement, que pour la valeur re-

» présentative du capital des biens-fonds con-
» fisqués et aliénés, sans aucune restitution des
» fruits et revenus perçus, ni d'autres valeurs
» mobilières ;

· » Que cependant le retranchement sur les
» déductions à faire aux propriétaires dépos-
» sédés dont les biens étaient grevés de dettes,
» de la somme des intérêts qui ont été alloués
» à leurs créanciers, à partir du moment de
» la confiscation des biens jusqu'à celui de la
» liquidation et du paiement de ces dettes,
» équivaudrait, à l'égard de ces propriétaires
» dépossédés, à une restitution de revenus à
» laquelle ne participeraient pas également
» tous les indemnitaires et notamment ceux
» pour lesquels l'État n'a payé aucune dette. »

Ce raisonnement suppose que si le propriétaire dépossédé, pour lequel des intérêts courus depuis la confiscation de ses biens ont été
payés par l'État, ne l'avaient pas été, il en serait aujourd'hui débiteur. Mais le droit commun et les lois spéciales de l'émigration le
libèrent de ces intérêts, et l'art 18 de la loi du
27 avril 1825, ne permet pas au créancier
d'exiger ces intérêts sur les inscriptions de
rente provenant de la liquidation de l'indem-

nité en lui déduisant ces intérêts sur son indemnité; on rend donc la condition du propriétaire dépossédé débiteur, plus fâcheuse
que si l'État n'avait pas payé sa dette. On peut
enfin ajouter cette considération d'équité, que
de deux débiteurs différens dont le créancier
du premier aura fait liquider sa créance et en
aura reçu le paiement aussitôt après la confiscation, et le créancier du second ne se sera fait
liquider et payer que dix ans après cette époque, l'un ne supportera la déduction que du
capital de sa créance, et l'autre la déduction
du capital et de dix années d'arrérages; c'est
bien alors qu'on pourrait dire qu'il y aurait à
l'égard du premier de ces débiteurs, une restitution de revenus à laquelle ne participerait
pas le second.

La loi du 27 avril 1825 n'alloue aucune restitution des fruits et revenus perçus, cela est
vrai : mais les fruits ou revenus d'une personne,
de même que ses biens, ne consistent que dans
ce qui reste, les charges de ces fruits ou revenus étant payées. Or, lorsqu'un propriétaire
dépossédé avait des dettes dont ses biens étaient
grevés et dont il devait payer les intérêts an-
nuellement, ses revenus ne consistaient qu'en

ce qui leur restait de ces fruits ou revenus, ces
intérêts déduits. Ce n'est que ce reste qui re-
présentait les revenus du propriétaire dépossédé, et qui a été acquis à l'État sans restitution.
Ainsi, en déduisant au propriétaire dépossédé
le capital de la dette que l'État a payé pour lui,
il est clair qu'il est traité de la même manière
que l'indemnitaire pour lequel l'État n'a payé
aucune dette, et qu'il ne le serait pas si on lui
déduisait les intérêts de cette dette, qui devaient
être payés sur ses revenus qui en étaient un
prélèvement légal.

La seconde considération est : « Que l'indem-
» nité étant due par l'état, depuis le jour de la
» confiscation et sans restitution de fruits, l'in-
» demnitaire devenu créancier de l'État, peut
» être en cette qualité, considéré comme étant
» soumis aux lois relatives à la compensation. »

La compensation est définie en droit. — *de-
biti et crediti inter se contributio vid. leg. ff.
de compensat* : pour qu'il y ait compensation, il
faut que deux personnes se trouvent débitrices
l'une envers l'autre (Cod. civ. avril 1789), la loi
du 27 avril 1825 en accordant au propriétaire
dépossédé une indemnité déclarée due, a décidé
et reconnu que l'ancien propriétaire était cré-

ancier de l'état, non pas du moment de la confiscation, comme le disent les motifs de la décision de la commission, mais du jour de la
publication de la charte constitutionnelle, dont
l'article 9 a maintenu, pour cause d'utilité publique, les ventes des biens des émigrés et des
autres condamnés révolutionnairement faites
illégalement : jusque là, les propriétaires dépossédés de fait et non de droit, n'étaient pas
créanciers de l'état pour l'indemnité non décré-
tée, mais légitimes propriétaires des bien possédés par les acquéreurs nationaux ; mais au
moment où leur droit de propriété, a été con-
verti en une indemnité contre l'état, et où ils
sont par-là devenus ses créanciers

L'état était-il leur créancier pour les intérêts
des dettes qui auraient été reconnues dettes
nationales ?

Non sans doute, parce que les premières no-
tions de la justice et de la raison enseignent
que le débitenr du capital d'une dette est aussi
le débiteur des intérêts qu'elle produit ; comme
le débiteur du principal est le débiteur de
l'accessoire : parce que les intérêts courus depuis la confiscation des biens, n'ont jamais
été la dette du confiscataire : l'état en payant

sa propre dette n'a pas pu devenir créancier du débiteur confiscataire et mort civilement pleinement libéré de toute action réelle et personnelle. Or s'il n'était pas créancier de ce débiteur, la compensation était impossible.

Une troisième considération est « que la rigueur des principes généraux, et notamment » de l'application du droit créé par la loi du 27 » avril, se trouve, non dans la déduction des » intérêts payés, mais dans la perte des fruits » de l'immeuble confisqué; et que cette perte » étant commune à tous, celui qui ne la subirait pas, obiendrait un véritable privilége qui » frapperait non contre l'état, mais contre le » fonds commun qui appartient à la masse. » On croit avoir démontré que ni les principes généraux, ni le droit créé par la loi du 27 avril ne pouvaient justifier la déduction des intérêts postérieurs à la confiscation : on a également déjà réfuté l'argument tiré de ce que la perte des fruits de l'immeuble confisqué doit être commune à tous; et du privilége qu'obtiendrait celui qui ne la subirait pas. Faut-il le répéter? les intérêts des créances étaient une charge inhérente à la possession des biens confisqués, ils étaient la dette de l'état confiscant qui n'avait

droit aux revenus des biens qu'après le paiement des intérêts, et non la dette du confiscataire. Si ces intérêts ont été payés par l'état,
il n'a fait que payer sa dette : s'ils n'ont pas été
payés, ils ne sont pas dus par le confiscataire.

On citera un exemple : un propriétaire a été
dépossédé d'un bien-fonds valant un capital
de cent mille francs, mais grevé d'une dette de
cinquante mille francs, laquelle a été payée
par l'état avec plusieurs années d'arrérages accumulés depuis la confiscation. Si on déduit à
ce propriétaire le capital seul de sa dette, son
indemnité est de cinquante mille francs. Il sup-
porte la perte des fruits de cinquante mille
francs seulement : mais il ne résulte de là aucun
privilége pour ce propriétaire, car ses revenus
libres, les seuls qui eussent appartenu à l'état
confiscant, n'étaient que ce qui restait du revenu de l'immeuble confisqué en déduisant
les intérêts de la créance dont il était grevé ;
en d'autres termes, ce propriétaire ne possé-
dant réellement qu'un immeuble de cinquante
mille francs, n'a pu et n'a dû perdre qu'un
revenu correspondant à cette somme. Il est
traité sur les mêmes bases que le propriétaire
dépossédé d'un biens fonds d'une valeur de
cinquante mille francs, sans dettes.

Une quatrième considération est « que sans
» doute la compensation des arrérages de rentes
» et d'intérêts de dettes échues, à compter des
» séquestres, par les revenus perçus depuis ce
» moment, serait une mesure de justice que la
» loi eût autorisé, s'il eût été possible au gou-
» vernement d'accorder un avantage analogue
» et équivalant aux autres français dépossédés,
» soit de leurs revenus, soit de leurs propriétés
» mobilières de toute nature. »

« Mais que d'après les moyens d'indemnité
» qu'il a été possible au législateur de créer,
» et dans les limites que la loi a posées, la com-
» pensation demandée et la distraction qui en
» serait la suite, quelque désirables qu'elles
» fussent d'ailleurs, cesseraient d'être réelle-
» ment justes, puisqu'elles ne seraient avanta-
» geuses qu'à une partie des propriétaires dé-
» possédés, tandis qu'elles tourneraient au
» préjudice des autres en atténuant la somme
» destinée, d'après l'art. 2 de la loi, à réparer
» les inégalités résultant des deux bases, qu'elle
» a fixées pour le réglement de l'indemnité;
» réparation à laquelle ont droit de participer
» dans une proportion égale, selon la lésion
» qu'ils auront éprouvée dans la distribution de.

» l'indemnité, les propriétaires qui n'étaient
» pas grevés de dettes à l'époque où ils ont été
» atteints dans leurs biens par les lois révolu-
» tionnaires; ainsi que ceux qui ayant laissé
» des dettes les ont retrouvées exigibles, parce
» que l'état ne les a pas liquidés, et qu'il y au-
» rait réellement injustice, relativement à ceux.
» ci, d'accorder une préférence et de faire un
» sort meilleur à ceux qui ont été légalement
« libérés de leurs dettes par le fait des paiemens
« effectués par l'état.

« Que tels ne sont et ne peuvent être l'esprit
» et le vœu de la loi. »

Ces derniers raisonnemens méritent la plus
sérieuse attention, en ce qu'ils expliquent parfaitement le principe de l'erreur de droit qui
a entraîné la commission. Cette erreur de droit,
est dans la supposition admise par la commission, que les créanciers des propriétaires dépossédés, avaient conservé contre eux l'action
personnelle; et de cette supposition elle a tiré
les justes conséquences, 1° que les intérêts
postérieurs à la confiscation étaient la dette
de ces propriétaires; 2° qu'elle avait été payée
par l'état à leur décharge; 3° que si ces intérêts n'avaient pas été payés par l'état durant

la confiscation, ils seraient dus aujourd'hui par le débiteur primitif confiscataire ; 4° que la loi du 27 avril n'accordant pas la restitution des fruits ou revenus, les intérêts payés par l'état ne pouvaient pas être compensés avec ces fruits ou revenus, dont il n'était pas fait de restitution.

Mais, si la supposition d'où est partie la commission est fausse, s'il est incontestable, si on a démontré, comme on croit l'avoir fait dans le commencement de cette dissertation, que l'action personnelle a été éteinte ; il faut reconnaître comme vraies les conséquences directement contraires à celles que la commission a déduites de ce faux principe : On se bornera à énoncer la suivante : les intérêts courus pendant la confiscation étant la dette de l'état, la compensation l'a éteinte. L'état était débiteur des intérêts, comme détenteur de la totalité des biens confisqués sur le propriétaire dépossédé, et encore comme nouveau débiteur subrogé au débiteur primitif libéré par l'effet de la subrogation légale, en les payant il a payé sa propre dette, et il ne serait fondé à en réclamer le remboursement contre le propriétaire dépossédé, ou ce qui est la même chose à le contraindre à en supporter la déduction, sur le montant de son indemnité, qu'autant que la loi du 27 avril lui aurait accordé une indemnité pour les fruits ou revenus perçus par l'état durant la confiscation. Mais cette loi n'accordant point d'indemnité pour ces fruits, on ne peut précompter à l'indemnitaire que le capital de la dette que l'état a payée pour lui, et les intérêts échus au moment de la confiscation; les arrérages des rentes et d'intérêts de dettes échues, depuis cette époque, sont compensés avec les revenus dont l'état ne fait aucune restitution, et qui d'ailleurs étaient grevés de ces arrérages de rentes et intérêts, suivant la règle de droit : *Non intelliguntur bona, nisi deducto ære alieno leg.* 39 *ff. de verbor. signif.* Il faut, ou nier l'extinction de l'action personnelle, ou admettre les conséquences qui résultent de cette extinction, et du fait que la loi du 27 avril n'accorde aucune indemnité pour la restitution des fruits.

Aux considérations d'équité alléguées dans le motif de sa décision, la commission a ajouté « que si on recherche par quel mode il a été » procédé aux liquidations des dettes des pro-» priétaires dépossédés, et quels moyens reste-» raient aujourd'hui d'en discuter les élémens,

» on arrive à se convaincre que la manière
» dont les décomptes sont formés, serait par
» elle-même un argument contre l'usage qu'on
» voudrait en faire ; que lorsqu'en effet on en-
» treprend de les décomposer, d'apprécier
» pour quelle valeur les intérêts sont entrés
» dans le capital (unique aujourd'hui) de la
» dette, on reconnaît bientôt que comme le
» domaine et l'administration n'avaient aucun
» intérêt ni à en discuter d'abord, ni depuis à
» en conserver les élémens, il est impossible
» d'en opérer la liquidation régulière, les dates
» de l'entrée en jouissance, les réductions à
» l'échelle de dépréciation, selon les époqnes
» d'échéance des arrérages, tout manquant
» pour opérer à cet égard avec un peu de ga-
» rantie et de régularité. »

Sans vouloir méconnaître que les inconvé-
niens retracés ci-dessus, ne se rencontreront
pas dans quelques-unes des nombreuses liquidations des dettes des émigrés , on affirmera
toutefois que d'après les recherches faites dans
les archives de la liquidation, on a acquis la
preuve que les arrêtés de liquidation énon-
cent distinctement le capital de la dette, et les
arrérages. Si on fait attention d'ailleurs, qu'aux

termes des lois des 28 mars 1793 (art. 43),
et 1er floréal an 3 (art. 2), on n'admettait à
la liquidation que des créances fondées sur
des titres authentiques ou ayant date certaine,
on est persuadé qu'il sera le plus souvent très-
facile de distinguer dans une liquidation de
créance d'émigré, le capital d'avec les intérêts
échus à l'époque de la liquidation. Quant aux
dates de l'entrée en jouissance de ces biens
confisqués elles se trouvent dans les registres
des receveurs de l'administration des domaines
qui ont perçu les revenus de ces biens, et
on pourrait fixer cette époque d'entrée en
jouissance, à l'effet de mettre les intérêts à la
charge de l'état, à compter de la loi du 13 nivose an 3, qui a déclaré les créanciers, des émigrés créanciers *directs* de la république.

Enfin, un dernier motif est pris de ce que
« pour rentrer, selon le devoir imposé à la
» commission, dans les nécessités nées du
» droit créé par la loi du 27 avril, on est
» forcé de reconnaître, qu'indépendamment
» des motifs déjà deduits, il en existe un der-
» nier, mais très-puissant, dans l'art. 24 de
» cette loi, qui, en confirmant tous les droits
» acquis et maintenus par l'art. 1er de la loi

» du 5 décembre 1814, tant au profit de l'état
» qu'au profit des tiers, ne permet pas de
» revenir sur les actes qui ont établi des li-
» quidations dès long-temps consommées, et
» de substituer de nouveaux débiteurs à ceux
» que ces actes ont reconnus. »

Cet art. 24 de la loi du 27 avril 1825, pure-
ment confirmatif de l'art. 1er de celle du 5 décembre 1814, statue, il est vrai, qu'aucune
« disposition de la présente loi ne pourra pré-
» judicier en aucun cas aux droits acquis avant
» la Charte constitutionnelle, et maintenus
» par le dit article, soit par l'état, soit par
» des tiers, ni donner lieu à aucun recours
» contre eux. » Mais, soit l'état, soit des tiers,
éprouveraient-ils quelque préjud ce si, pour
opérer la déduction des dettes des propriétaires dépossédés payés par l'état, on faisait
une distinction entre le capital et les intérêts
dus au moment de la confiscation, et les intérêts échus depuis cette époque ? c'est ce qui
ne se conçoit pas. De quelque manière que la
déduction des dettes soit calculée, qu'elle com-
prenne ou non les intérêts échus durant la
confiscation, l'État ne peut éprouver aucun
préjudice, puisque l'art. 9 de la loi du 27 avril

dispose que « quel que soit le total des déduc-
» tions, il ne pourra diminuer l'affectation des
» trente millions de rente fixés par l'art. 1er. »

Il ne peut non plus résulter du mode de déduction qui sera adopté par la commission de
liquidation aucun recours contre l'état, mais
seulement contre le fonds commun.

Quant aux tiers, ils sont étrangers à la liquidation de l'indemnité : la question de la
déduction des intérêts des dettes des propriétaires dépossédés, cumulés avec le capital et
payés par l'état, ne s'agite qu'entre les débiteurs primitifs et l'État ; ce paiement fait aux
créanciers demeure inattaquable, sauf les cas
dans lesquels les lois donnent une action en
répétition de ce qui a été payé sans être dû.
(Code civ., art. 1235.)

Il ne s'agit pas de revenir, au préjudice de
l'État ou des tiers, sur des actes qui ont établi
dès liquidations dès long-temps consommées,
ni de substituer de nouveaux débiteurs à ceux
que ces actes ont reconnus; mais seulement
de distinguer dans les paiemens faits par l'État,
alors débiteur unique subrogé, par la novation légale, au débiteur primitif et originaire,
la partie de la dette réellement et effectivement

payée à la décharge de ce débiteur primitif, qui, comme les intérêts échus depuis la confiscation, ou depuis la novation légale, était la dette de l'État, du débiteur nouveau subrogé à l'ancien. Cette distinction ne préjudicie, comme on l'a prouvé, ni à l'état, ni à des tiers; elle n'est donc pas prohibée par l'article 24 de la loi du 27 avril 1825, pas plus qu'elle ne l'est par l'art. 1er de celle du 5 décembre 1814.

On terminera cette dissertation par une dernière réflexion.

La déduction des intérêts échus depuis la confiscation est tellement contraire à l'équité que ceux même qui adoptent les motifs de la décision du 21 octobre 1825, reconnaissent qu'il est juste d'admettre ceux des propriétaires dépossédés qui supportent cette déduction à réclamer sur le fonds commun pour réparer le dommage qu'ils en éprouvent. C'est ainsi que la décision rendue par la troisième section, le 16 novembre 1825, contre M. le marquis Crugy de Marcillac, lui réserve ses droits sur le fonds commun. Mais pourquoi remettre à une loi à venir le soin de réparer une injustice, quand cette réparation peut être accordée en faisant l'application d'une loi existante? La loi qui doit régler le mode de distribution du fonds commun, présentera assez de difficultés graves pour qu'il ne soit pas désirable d'en diminuer le nombre toutes les fois que la disposition précise de la loi du 27 avril 1825 ne sera pas en opposition avec l'équité. Or, aucune disposition textuelle de cette loi ne s'oppose à ce que la déduction des dettes payées par l'état à la décharge du propriétaire dépossédé, soit l'intérêt au capital de la créance, et aux intérêts dûs au moment de la confiscation : au contraire, la raison, la justice, l'équité, sont d'accord pour laisser à la charge de l'état les intérêts, échus depuis cette époque : c'est ainsi que la déduction a été faite dans l'exécution de l'édit du roi de Sardaigne, du 22 septembre 1818. Les sujets français pourraient-ils être, sous ce rapport, traités moins équitablement que les sujets du roi de Sardaigne? nous ne le pensons pas.

Paris, ce 7 mars 1826.

Le Chevalier H. DARD.

Jurisconsulte.